마릴린 목련

정두섭 시집

시인동네 시인선 233 정두섭 시집

마릴린 목련

시인동네

시인의 말

갈갈갈
환한 북 소리
끼얹대끼
또, 그로코롬

놓아줄 손이 없어
시나브로 여위더니

보소라
알 까고 죽는
목이 쉰 눈보라

2024년 6월
정두섭

차례

시인의 말

제1부

우로보로스 · 13

모란인력 식구 되기 · 14

타관바치 · 16

블랙아웃 · 17

휘파람새 · 18

간판 아래 문 위에 간판 · 20

고창 지나 영광 · 21

내일의 날씨 · 22

아마도 · 24

정류장 · 25

매화탕 레시피 · 26

철옹성 · 28

슈퍼맨의 바깥 빤쓰 · 29

2월 30일 · 30

종점 저수지 · 32

민들레 식당 · 34

제2부

마포대교 · 37

내일은 쉽니다 · 38

언제라는 시간 · 39

마침내 섬 · 40

포옹 · 43

지식IN 14 · 44

이장 · 46

모월 모일 · 47

헐 · 48

숨 고르기 · 50

엽서 · 51

봄밤 · 52

외도 · 53

달의 뒤축 · 54

엄부자모(嚴婦慈母) · 55

없다 · 56

제3부

나랏말싸미-부디 · 59

대동어지도(大東語地圖) · 60

노피곰 도다샤 · 62

나랏말싸미-을씨년스럽다 · 63

두루마리 · 64

색즉시공 · 66

나랏말싸미-말쌈 · 67

앗싸 가오리 · 68

설중매 · 70

검은 달 · 72

마릴린 목련 · 73

나랏말싸미-중화교회 입당예배 · 74

환절기 · 76

등용문 · 77

달항아리 · 78

나랏말싸미-거시기 · 80

제4부

거울은 언제 눈감아 주나 · 83

전문가 · 84

군밤 · 85

왕십리 · 86

환지통 · 88

빈집 · 89

함소입지(含笑入地) · 90

관계자 외 · 92

당분간 · 93

아홉수 · 94

느티나무 정류장 · 96

자유로 · 97

카운트다운 · 98

러닝머신 · 100

달비계의 노래 · 101

거울의 문법 · 102

해설 불온한 골계의 시학 · 103
　　　 이병국(시인·문학평론가)

제1부

우로보로스

병 속에는 쥐가 있고 병 속에는 뱀이 있고 뱀이 된 쥐는 없고 쥐를 삼킨 뱀만 있고 좁은 병 못 빠져나와 뱀은 쥐를 뱉고 뱉고

구겨진 몸 다리고 구겨질 몸 걸어놓고 옷걸이 물음표만 남기고 사라질 때 누군가 어깨를 툭 쳤다, 먼저 온 후회였다

모란인력 식구 되기

쫄딱
방을 더 줄일 수 없어 넓히려고 박는 못에
주렁주렁 걸리기 싫어 철없는 못은 운다
세상에 못에 철이 없다니, 잘 못 박고 있는 걸까

인형 뽑기
공중의 크레인이 한 사내 뽑아 든다
가던 눈 멈칫하고 일대가 조용하다
추락과 안착 사이에 모란인력 문이 있다

왕년
공치고 답답한 속 전봇대 아래 한 사발
끝 간 데 없는 한 줄 허공 낮술 취한 까치 까치
앞날이 노랗다 노래, 괜히 맞은 아이 울음

부의
이름 석 자 휘갈겼다가 나도 나를 잘 몰라서
'모란인력 잡부 정 씨' 아닌 것만 같아서

'석남동 잡부 대머리 정 씨'를 공손히 내밀었다

함바
일대의 땟국물들 그림자 벗고 앉아
목덜미 어루핥는 그늘을 여축한다
남기면 벌금 오천 원, 장식은 오직 저뿐

타관바치

물설어 멍들다가 단풍 들었으나

노루발못뽑이 차곡차곡 챙겨 하늘 계단 오른 짱꼴라. 총각김치 집어 먹은 손가락 쪽쪽 빠는 갸륵한 재주로 간소한 이력 스스로 보우하다 하눌신폭 허방 짚었다. 삼천리 화려강산 누런 이빨 자국 촘촘히 새겼지만 하느님의 자손이 아니라서 더듬더듬 마지막 말더듬 들은 이 없다. 친절한 대한 사람 먼 길 가는 짱꼴라 부디 안녕하시라, 마르고 닳도록 길들인 운동화 벗으라 하고 끼니 거른 식권만 챙겨 아니 온 듯 슬몃 가시라 했다. 수시포 한 겹 걷어낼 힘 없어 눈 질끈 감아준 짱꼴라의 빛나는 쎈쓰 길이 보전하고 싶은데, 철갑을 두른 무궁화표 안전화 신고 담보한 목숨 거슬러 받고, 동해물과 백두산 넘어 과녁빼기 집으로……

오늘이
고비사막 민둥바위
뗏장 입히는 날이라며

블랙아웃

모르는 사람들이 구겨진 채 나왔다

모르는 사람들이 누구인지 몰라서, 어디서부터 복기해야 잃어버린 내가 복귀하는지 몰라서, 눈칫밥을 해장국에 말아 뒤통수로 먹으며 지금 여기를 하염없이 타전한다. 신 내리는 진도에서 영접한 신을 벗고 맨발로 돌아온 남숙 씨의 주막 민(民)은 멀쩡한데, 적산가옥 이층 창문에 중국인 거리를 걸어놓은 흐르는 물 엘피판은 왜 왼쪽으로 흐르다 끊겼을까. 두-절. 아이를 지우고 누운 여인숙에서 다시 아이를 새겨달라던 너에게로 간다. 밤하늘 담배빵을 헤아리다 쭈그려 앉아 킥킥 끄던 너는 가느스름한 초승을 잡아당겨 손목을 그었다던가. 더벅머리 긁으며 홍등에 들어 부푼 것들을 마냥 터뜨리던 시절처럼 늙은 처마가 매달아 놓은 조등에 감전되어 혁대를 풀고 내 몸에 꽂힌 모든 플러그를 뽑고 꽃무늬 빤쓰와 기하학적 팬티의 어지러운 조합에 대하여, 달거리에서 해거리로 점점 길어지는 울컥에 대하여, 거기 통화이탈지역에서 나는

누구와 대작하였나, 거기 누구 없어요?

휘파람새

늣좆늣좆 막배 들어 도댓불도 꺼졌지만
바다는 잠을 설쳐 이집 저집 아(兒) 네다섯

이물이
아, 아, 하는데

고물이
어, 할 수 없어

초록을 갈아엎다 파랑으로 갈아입고
수평선에 까치놀 굴멍 굴멍 들 때까지

잊는다

이녁 속솜 저녁 속솜
다 잊지는 못해서

뿔소라 아방 같아 돌멩게 어망 같아

차마 입에 못 넣고 뇌선이나 털어놓고

호이호

죽살이들 내뱉는
숨,
살암시난 살아져라

간판 아래 문 위에 간판

죽살이 몽땅 걸면 숨 돌릴 거 같아서
뙤약볕 부추기며 노굿도 춤췄으나
'옛 두부' 맷돌을 잃고 어처구니만 남았다

관계자가 더 많아 알싸하다 소리 소문
스카이댄스 꼿꼿한데 바람을 껐다, 풍문
한숨만 들들 볶다가 '밥 먹고 가'도 폐문

죽기밖에 더 하겠나, 도린곁 술래들이
박박 오그랑쪽박 버릴 것만 수두룩해
바꿔 단
'酒전자'도 바닥나서 이번에는 '足가네'

고창 지나 영광

종주먹 서리 맞아 구호도 시들었어
살점 아직 남았는데 젓가락 겨눴다고
당분간 바람 좀 쐬고 오래 뼛속까지 추울 거래

선창 재창 다 빠지고 밑창들만 영광이야
토박이말 귀에 익어
암시랑토 않다더니
으찌까
월화수목 금금금 석양마저 사색이야

비린내 꾸덕꾸덕 굴비를 뒤집으래
단말마 입에 문 비굴을 진상하래
뱃구레 조이고 조여 마저 발라 드시라고

내일의 날씨

내 일은
기다리면 마침내 오는 일
기다림에 지치는 게 내 일의 노하우

갓길의
붉은 눈깔들
공회전하는 심장들

며칠째 화창해서 눈앞이 깜깜해도
내일이 오는 것처럼
내 일이 오긴 와서

내일로
견인하는 오늘
숨 참고 견디다가

미끄덩 오늘이 드디어 내 일로 오면
핏대와 삿대질을 간신히 떼어놓고

내일도

비바람 눈보라

바라건대 최악이기를

아마도

밥 먹어 부르던 곳 이쯤 저쯤 몰라서
풋사랑 분홍 터진 보리밭도 몰라서

저기요,
길 잃고 길 묻는다
아마도가 어딘가요

햇발에 걸린 바람 길 터서 보내주던
노파의 손가락 끝
수몰 지구 한가운데
그림자 십여 그루가 반나마 젖고 있다

해종일 걸어 걸어 산등성이 겨우 넘어
어림짐작 고향 땅에 마음 한 척 닻 내릴 때

남은 볕
흩뿌리는 서녘
희고 붉은 아마도

정류장

오금에서 오는 건지 더 멀리서 오는 건지
가산으로 가는 건지 더 먼 데 가는 건지

들렀다 가마 했는데, 빈 우산만
활짝 웃고

너무 이른 것만 같고 이미 늦은 것만 같고
오금이나 가산에서 기다리는 것만 같고

소나기, 거의 다 온 것만 같고
다시 올 것만 같고

매화탕 레시피

둥
둥
뜬 건
매화고

갈앉은 건 매실이야

소매는 걷어 올려
자란자란 물을 채워

퐁퐁은
한 큰술 풀어
매화틀에 손을 담가

꽃샘이 범람해도
황락이 물씬대도

거품을 휘적대다

빈손을 쫘악 펴고

탁
치면

뚫릴 거야
뻥

맹물 한 잔 들이켜

철옹성

널빤지 낡은 문에 자물쇠 녹슨 경첩에
숟가락이 꽂혀 있다, 새까맣게 그을린
저 안에 있는 빈집은 어찌저찌 나오나

슈퍼맨의 바깥 빤쓰

푸른 멍 출근부에 용감무쌍 적어놓고
어순을 뒤집으면 공포도 고소하다
가진 건 몸뚱어리뿐, 곁불 쬐는 슈퍼맨

못 박힌 손바닥을 드럼통에 툭 던지고
비계를 기어오른다, 망토가 사라져서
엄마야
땀 절은 무용담이 하마터면 골로 갈 뻔

안전 고리 구름 고리 여기저기 허방다리
왕창 지린 오줌도 한 바람에 마르지만
아들아
빤쓰는 속에 입어라, 지구는 내가 지킨다

2월 30일

먼저 와 기다리는 느닷없는 볼일 보다

초식 악어 잇몸 같은
지갑 속 로또 한 장

환승역,
애잔한 남의 꿈이 어찌나 궁금하던지

더 볼 일도
별 볼 일도
밑 빠진 밑 닦을 때

똥
똥
똥
두드리는
저기요, 혹시 거기?

내일은

살아본 적 없지만

꼭 올 것만 같은 날

종점 저수지

1. 빙어

된바람 얼어붙어 물비늘 한 점 없다
부리가 젖지 않아 들러가는 새도 없다
일 없어 얼음을 뚫고 수심이나 재고 있다

2. 기러기

꽃샘추위 떼를 지어 북쪽으로 날아간다
알록달록 꽃소식 그 줄에 합류한다
방죽엔 오갈 데 없어 세월 앓는 의자만

3. 민물조개

출렁이던 뙤약볕을 가뭄이 죄 삼켰다
조개도 산다는 걸 껍질이 보여준다
마르고 터진 바닥엔 울화병이 수두룩

4. 잠자리

하늬바람 서성이는 단풍을 지나다가
물에 빠진 잠자리 소금쟁이 입었다
모른다 잠자리 행방, 저수지의 일이므로

민들레 식당

자다가 생쥐한테 다리를 깨물렸어
꿈결인 듯 소스라쳐 여기 좀 주물러 봐
골난 등 활처럼 휘네, 코끝에 침 발라요

드디어 온갖 쥐가 주방도 들었다 놨어
듬뿍 담뿍 침을 묻혀 부리나케 배달했지
참았던, 웃음 폭탄이 단칸방을 터트렸어

왜 웃니
왜 웃어요
웃는 게 더 웃겨서

놀라 깬 민들레 둘 휘둥그레 따라 피네

덩달아
쥐도 그만 폽!
밤중에 아닌 밤중에

제2부

마포대교

찢어진
우산 하나
새벽 강 건너다가

젖을 데 더는 없어
우산 접고 비를 꺼낸다

신발은
왜 저기까지만
바래다주는 걸까

내일은 쉽니다

여기 문 닫게 한 이 뉘신지 모르지만
당분간 쉬지 않고 내일만 쉰다는 건
짬을 내 배웅은 해도 곧 무덤덤한 무덤일 터

떼장도 숨이 도는 삼칠일 지났건만
백반집 나들문에 손잡이 엇각으로
내일은 다시 또 상중(喪中) 돌려세운 헛걸음들

줄행랑 야반도주 소문마저 시들한데
오늘이 갈까 몰라 한 귀는 펄럭펄럭
내일이 또 올까 몰라 세 귀는 아직 악착

언제라는 시간

가다가 만난 그가 어디 가냐 묻지 않고

언제 밥 한번 먹자 정하고 그냥 가서

언제가 언제인지 몰라 기다리지 않았건만

별안간 언제가 왔다, 지금이 언제라고

육개장 식기 전에 언제든지 오라는 문자

언제 또 눈 맞대겠냐 향(香) 받아라 언제야

마침내 섭

어쩐다 어쩌지 못해 어쩔 수 없음에

어머니 금은동 말숙(淑)을 낳고 마침내 섭(燮)을 낳았습니다. 나는 마침내 '섭'입니다. 金은 소고기 잔뜩 넣은 미역국에 밥 말아 먹은 젖을 먹고, 銀은 조금 섭섭해서 그냥 미역국에 밥 말아 먹은 젖을 먹고, 銅은 밥알이 모래알 같아서 억지로 불린 젖을 먹고, 소태 같아 도저히 먹을 수 없는데도 末은 끝까지 젖을 빨았다고 합니다. 아버지는 가끔 손님처럼 와서 살림 밑천의 머리를 쓰다듬고 구석구석 뒤져 밑천만 챙겨 떠났다는데, 어머니의 어느 구석을 뒤진 걸까요, 어느 틈에 뒷동산을 엄마 배에 옮겨놓은 걸까요. 갈수록 방이 좁아져서 살림이 주렁주렁 벽에 매달렸다고 합니다. 그러나 나는 마침내 섭이어서 '빠다와 노른자와 소년중앙'을 비벼 먹었으므로, 기필코 큰 일 하는 사나이가 될 줄 알았는데……. 어머니 '간난' 씨의 말줄임표가 되었습니다. 천애 고아이고 싶었지만 감나무에 합장하는 삭발한 까치이고 싶었지만 "꼭 중 같아요" 배시시 웃는 술잔에 홀라당 빠지는 바람에…… 아내가 큰딸을 낳았을 때, 금의는 어디 벗어두고 알몸으로 환향한 '금숙' '은숙' '동숙'

'말숙'의 아버지께서 굳이 친손녀의 이름을 받아 적으라고 했습니다. 광자(光子)요? 나는 다만 도리도리 까꿍 했을 뿐인데, 지금 장난해! 이름에 한이 맺힌 '순덕' 씨가 말했습니다. 설마 시아버지 들으라고 한 소리는 아니겠지요. 일찍이 아미타불 순덕 씨는 마침내 섭의 로또입니다. 딱 맞을 줄 알았는데 안 맞아도 너무 안 맞습니다. 이놈의 집구석과 이놈을 버리고 생활 뒤에 전선을 붙이면서 눈 고치고 이름도 고쳐 지금은 할렐루야 '온유' 씨입니다. 아무튼 그때 나는 아버지의 심사숙고, 처가가 있는 빛고을 '광자'를 마다하고 '진의(眞疑)'라 이름 지었는데, 의심할 의 자를 쓴 것에 대해 오래도록 의심을 받았습니다. 이름만 온유한 아내도 어쩌지 못하는 눈물샘 —— 그랑께 '판순' 장모의 통곡 "또 딸이란 말이시, 또 딸이란 말이시" 또 딸을 '무의(無疑)'라 이름하였으므로 마침내 섭의 한풀이 아니냐는 의구심은 합리적 의심이 되었습니다. 어쨌거나 저쨌거나 이름만 그럴듯한 아버지는 지상의 난봉을 종 치고 지하를 탐닉 중이어서 지금은 같이 살지 않습니다. 지금은, 희망 진의와 사랑 무의를 보살피면서, 금은동말 누이들의 여전한 보살핌을 받으면서, 간난 판순 이쪽저쪽 엄니들과 순덕 아닌 온유

씨와 그럭저럭 잘살고 있습니다. 애개개 일지라도 오로지 달랑이고 하나밖에 없는 두 쪽으로

  어찌나 깜깜 써댔는지 얼마 안 남은 몽당으로

---

*사족 : 나 같은 놈 안 낳은 건 천만다행이지만 진의 아닌 '진이'로 들어 "의요 의요 의심할 의요" 매번 귀지를 파줘야 한다고 리사 로제 제니로 바꿀 수 없으니 지수로 개명한다고 하네요. 또 딸 무의는 우월한 지위를 이용한 직권 남용이라고 해서 내 눈에 흙이 들어가면 아프다고 했습니다.

포옹

1. 夫
핏대를 부풀리면 왼쪽으로 쏠리니까
눈과 입을 포갠다고
딱 맞는 건 아니어서
당신의 오른쪽은 늘 가렵고 섭섭하네

2. 婦
허전한 건 왼쪽인데 바른쪽만 운용하고
헛다리 짚은 줄은 까마득히 몰라서
먼 당신
애잔한 눈으로 옳은 쪽을 쓰다듬네

지식IN 14
— 퇴고

1
~~여인숙에서 하룻밤, 쓰고~~
~~사랑했으나~~

~~웃기고 자빠졌네~~
~~아프다고 그랬잖아~~

~~아 멀다~~

~~괜히 왔다 간다, 내 이럴 줄 알았다~~*

2
말이 말을 낳고 그 말이 또 말을 낳았으나, 말이 말을 죽이고 그 말이 또 말을 죽였으나

끝끝내
살아남은 말

마지막 말

묘
비
명

---

*테래사, 스탕달, 김미화, 밀리컨, 박수근, 중광, 버나드 쇼 묘비명 초출.

이장

에움길 자드락길 여기 이 섬 한나절 길
구불구불 둘레길을 곧게 펴 반나절 길
아직은 탄탄대로가 이 묘 저 묘 걸리적 길

모처럼 바깥바람 권포(捲布) 위 거무튀튀
이제야 살 것 같다 어긋난 뼈를 맞출 때
묵뫼를 열었는데, 어라! 외짝 신발 하나뿐

갸우뚱 도로 덮은 포클레인 주둥이가
생(生)은 있고 몰(沒)은 없는 묘비명을 읽고 간다
저 멀리 만선 깃발 단 무연고의 신발 한 척

모월 모일
— 영정

죽어야 쉰다는 숨
숨이 쉰다는 기별

난분분 피고 지는
봄날의 호상이라

대체로
슬픈 것 같은데
혼자 웃는, 모르는 사람

헐

손잡이 없는 칼이 명치를 관통할 때
어처구니 없이도 맷돌이 돌아갈 때

혹자는
놀라 달아날 헐[狘]
껍질을 벗기다 헐(hull)

한번 할래 물었는데 너라면 하겠니
내 말이 씹혔을 때 울고 싶은 웃음소리

그밖에
꾸짖을 할[喝]이라는
도로 아미 헐도 있지만

몽돌몽돌 해변에서 몽돌을 냅다 던지면 먼저 가 기다리던 귀 바다를 꺼내온다

말 같은 소리를 해라

기가 막혀

기찬

헐

숨 고르기

행보에 못을 박고 쓸모를 버립니다
몇 날 며칠 간신히
숨 고르고 있습니다
발치에 쭈그려 앉아 각질이나 떼줍니다

한 번도 쉬지 않고 수만 번 뒤척이던
그 숨을
그 열심을
마침내 버렸으므로
도린곁 양지바른 숨이 젖은 생을 말립니다

어쩌지 못해서 어쩔 수 없는 밤입니다
이 자리도
저 자리처럼
앉았던 자리 되겠지요
거품이 솟구칩니다, 누구와 독작할까요

엽서

월계와
녹천 사이

아는 사이
모르는 사이

아버지는 간암으로 돌아가시고 어머니는 위암 말기이시고 동생은……. 외면하시지 마시고 10원짜리 하나라도 동냥 주시면 어머니 동생 죽으실 때까지만 죽을힘을 다해 살아보시겠습니다

개나리
산벚 백목련
좋아 죽는 사이

봄밤

검은등뻐꾸기
홀딱 벗고 홀딱 벗고 운다는데

물오른 사미니는 암만 들어도
오빠 그만

이 불경 어쩌면 좋아, 백팔 번을 여쭙네

외도

아주 잠깐 집어넣다
서둘러 꺼냈건만

삽입해서 정말 미안 추파도 날렸건만 아내도 옆에 있는데
번쩍번쩍 치켜뜨며 알아듣지 못할 말을 알아들은 룸미러가

꽉 밟아
핏대 부푼 복날,
갓길엔 갓길이 없다

달의 뒤축

굽 닳잖게 살살 가소
얼매나 더 산다꼬

잦바듬한 달이 간다 살 만큼 산 달이 간다
작년에 갈아 끼운 걸음으로 아득바득 가긴 간다

너저분 문자향을 공들여 염하고서
널브러진 서권기 오물오물 씹으면서
골목을 통째로 싣고 살 둥 죽을 둥 가긴 간다

참 서럽게 질긴 목숨이 등허리 휜 달빛을
닳고 닳은 달빛을 흘리지 않아, 시방

만월동
만월 수선소 일대가 무지로 깜깜하다

엄부자모(嚴婦慈母)

즉발

빙판이 살금살금 엄마를 몰고 왔다
엄마의 엄마쯤 된 늙수레도 엄마는 있어
엄마야
절뚝 가는 엄마야, 미끌 오는 엄마야

후딱

아버지 눈 감았다 눈 뜬 채 눈 감았다
감겨도 도로 뜬다 아직 볼 게 남은 갑다
묻지도 따지지도 않는 이 처음이란다 이런 경우

꼬래비로 닫히는 게 귀라는데 못 듣는지
둘러선 식솔들이 사정해도 안 감을 때
"아부지, 엄마 오시네" 아버지 눈 감았다

없다

밤낮없고 빈틈없어 끄떡없을 줄 알았는데

난데없이 느닷없이 없어도 상관없어

의자는 오간 데 없고

임자 없는

ㄱ자만,

제3부

나랏말싸미 - 부디

상서면 감교3리 개암사 대숲 지나
가쁜 숨 이고 지고
비틀 비탈 올라가서
능가산 이마 울금바위 심지에 불붙이고

이러저러 엄마가
기도발 끌어모아

산 아래 까치밥보다 더 붉은 매직으로

바위에
심어 놓은 간절,
소원송치 소원성치

맴돌던 산까치 떼 덕분에 성취했나
선무당 칼춤 추듯
돼지머리 만개하듯
고수레 쪼아 먹으며 부디부디 웃는데

대동어지도(大東語地圖)

복수초
눈총 꽉 움켜쥐고 살금살금 얼음새 간다
노랗게 질려 망설여도 나름대로 가긴 간다
냅둬유 어련하겠지유, 얼음새 어느새 난다

라디오
순덕아 돈이 뭐간디 소식까정 끊어야
 워디 사는지 암시랑토 않은지 겁나 궁금허다 돈이사 쓰라고 있는 겅께 누가 씀 어쩌겄냐 옛날맹키로 누네 집 가리지 말고 수제비도 해 묵고 그라며 살자 소내기 은젠가는 뚝, 그치지 않겄냐
 그랑께 모다 잊어뿔고 연락 좀 꼭 혀라 잉

웃는 돌
들을 말 아직 많아 꺼내려는 석공의 손
고마해라 간지럽다 웃음 참는 마애여래
나오소
마 드가 삔다

거기서 딱! 멈춘 佛

청산가리
눈 쌓여 눈에 띄는 새빨간 찔레 열매
배곯은 꿩 한 마리 서둘러 물고 가다
火들짝
어서 오우아 청산이나 가드래요

노피곰 도다샤

텅 비고 꽉 찬 저걸 옴시레기 품고 싶어 둥그러미 탐스러운 열사흘 날을 잡아 잡것들 죄 물리치고 불사르는 가마에 갔어

꼬박 지샌 사흘 밤낮 유백 설백 두리둥실
빚은 건 보름인데 구운 건 초승인가
쨍그랑 사금파리가 칼날 같아 속을 베데

깰 거면 저 주세요 얼금뱅이 다물리는 사기막 장도리질 대낮 지나 깜깜할 때 갸우뚱 항아리 한 점 기우뚱 달도 한 점

나랏말싸미 – 을씨년스럽다

긍께 어찌저찌 홀로 남은 을씨녀(乙氏女)
한 미모 그냥 안 둬 수작질 무성해도
갑씨랑 아기자기 못 잊어 딱 잘라 버렸는디

지 것도 아님시롱 징허게 달라 혀서
치욕의 을사년에 내도 거그 있었웅께
자를 건 자르라 했지만 매달린 게 똑같다고

희롱은 해롱 때문,
너무 짧은 치마 때문!

곰팡내만 자욱한 한통속 말 기가 멕혀
가새를 쓰윽 들었더니 안 가리는 놈 없었당께

두루마리

눈썹 흰 두 남자가 한 이불 덮었습니다
보리문디 아버지와 깽깽이 주례 선생

아랫목
윗목 없는데
한사코 못 미루다가

무저갱 먼저 들라 드르렁 겨누다가
동토에 같이 가자 빠드득 견주다가

이게 다
때문이라고
섞이지 말라시더니

두루두루 다 풀리는 해토머리 들었는지
비로소 곁 내주고 한가한 속도입니다

그러나

과녁이 지척입니다
전속력, 동행입니다

색즉시공

주색이 들통나서 아내가 집 나갔다

당분간 화색인데
질색이 꼬리 친다

본색을
숨긴, 모색에게
궁색 한 입 던져준다

사흘 만에 개 꼴 내 꼴 동색 지나 사색이다

절색 님! 조아렸지만
반색 않고 탐색 깬다

문자에
문자가 없다
가위는 칼이 두 개다

나랏말싸미-말쌈

너는 우로 돌고 나는 좌로 돌고
선풍기만 좌우로 돌고 돌아 다시 원점

말인데
말 같지 않아
말도 안 되는 말처럼

네가 꺼낸 기러기를 웬 닭이냐 물어서
너는 감히, 나는 애개, 서로를 식별하고

법 좋다
법만 없으면
교차할 뻔 주먹들

식구는 아니지만 형제나 마찬가지
밤길 조심해라!
덕담을 굳이 나눠
오늘도 의는 상하고 이는 멀쩡한 싸움, 끝

앗싸 가오리

에로스 간판 아래 시스루 유리창에

 '앗싸 가오리 달랑 삼만 원' 붙어 있다. 날개를 활짝 펼친 가오리들 볼 테면 봐라 속 다 까뒤집었으나 저기가 바람의 거처. 고향이 청양인 빨간 가오리, 가오리가 앗싸를 만난 사연 한 병 더 한 접시 더 들려준다. 해조음에 놀라 출렁이던 여인네 가오리 장사치를 홀렸으나 봉당 지나 시어미, 가오리 가오리 귀잠을 불렀지만 미처 깨물지 못한 앗싸와 엉겁결에 결합했다는 과부說. 청춘 가고 할매 가고 질긴 목숨 구멍에 그물이나 던졌는데 늙은 어부 손아귀 속 미끌미끌 찰진 몸뚱이 느낌, 어쩌자고 환장한 하초說. 미루나무 빗자루 들고 돌아오리 돌아오리 그늘을 쓸던 마당쇠의 뻥 뚫린 가슴팍으로 앙중도 맞고 소박도 맞은 아씨가 오리說. 피박 광박 밑천 탈탈 털린 사내가 마지막 끗발을 몽땅 걸었을 때 걸려든 패, 앗싸 가보說. 먹지도 뱉지도 울지도 웃지도 홍어 대신, 홍어는 아닌데 홍어 같은 알싸 가오리說까지…… 두루두루 지식을 섭렵한 사내가 앗싸 가오리 허방다리 아래 쭈그리고 앉아 꾸덕꾸덕 마른 아내의 문자를 동살에 비춰 본다. "꼴에 외박까지" 아

날개 없는 새 싸대기가 오리 설설 길 일만 남았구나

때늦은 반성이나 챙겨 부리나케 가오리

설중매

홍매

손 시린 할매가
화톳불에 데어서

언 가지 부여잡고
입김 불고 혀 차는 밤

눈보라
사립문 들락날락
여도 화끈 저도 불끈

백매

벙어리 할배 모처럼
확성기를 들어서

할망도 잘 들으려
돋보기를 닦는 밤

<u>스르르</u>
눈 감고 눈 뜨는
이 또한 꽃 저 또한 꽃

검은 달

세모라 연탄은행 냉골에 불 들이면
골목은 짖어대고 망구는 악다구니
골백번 헤아렸지만, 딱 한 장! 모자라야

구들장 짊어지고 언덕배기 기어오른
구멍 숭숭 낮달이 꿍친 자리 메워준다
그깟 거 없어도 살지마는, 삭신이 쑤셔설랑

징하게 오래 사는 메리야 밥 묵자 밥
마냥 신난 혓바닥이 쭈그렁을 핥을 때
참말로 뜨신 눈총들, 분화구마다 활활

마릴린 목련

애지중지 호롱불은 멋 부리다 얼어 죽고
제멋대로 화톳불은 까무룩 새까매져서
할마시 쪼그려 앉아 사람 볕에 손 녹일 때

힐끗힐끗 살바람이 못 참아 더는 못 참아
백목련 치맛자락 들춰보고 저리 내빼네
그늘도 화색이 돌아 잇몸 만개 이빨 두 개

굳이 또 찾아와서 겸상하는 다시 봄에
여벌의 수저 한 짝 내어주고 오물오물
낡삭은 개다리소반 무게를 덜고 있네

나랏말싸미 – 중화교회 입당예배

어미야 누이야, 다 부질없는 한낱

새파란 싹수가 십 년 만에 샛노란 싸가지로 돌아왔다. 청상이 무논을 버리고 소작으로 깃들었으나, 여심이 홍상을 벗고 바지로 갈아입었으나…… 동포인력사무소 아래 열우물 다방 아래 목마르뜨 호프 아래 한낱 지하에 더 낮은 데가 없어 거기 바닥에 얼기설기 십자가를 매달아 놓았다. 어린 백성이 니르고져 홇배이서도 제 뜨들 시러펴지 몯핧노미 헤이룽장성 지린성 랴오닝성 나라도 나랏말싸미도 다른 타관바치들을 끌어모아 나는 중화(中華)라 읽고 싸가지는 쭝화라 읽는다. 황락(黃落)을 뒷바라지한 처갓집 헛수고들은 당최 무슨 글자인지 모르지만 말인지 막걸리인지 짜장인지 짱깨인지 모르지만, 끝내! 라는 말 무시하고 끝끝내 강단을 버리고 공단에 처박힌 변두리 목자의 신도가 되었다. 애초부터 하나님의 뜻이었음을 수긍하였으므로 반 박자 늦게 손뼉 치다가 알아들을 수 있는 말이 없어 한 박자 늦게 입을 모아 찬미했다. 할렐루야! 집안의 부흥은 진작에 물 건너갔으나 신도 신도가 있어야 신, 부르튼 맨발로 척박을 개척하는 싸가지의 부활을 위해 사람마다 해여 수비니겨 날로 쑤메 뼌한킈 눈치껏 앉고 일어나라 코치하며 할렐루야, 할렐루야! 어쩌면 이게 다 불공이 부족했기 때문인 것도 같아

  무조건 미안한 마음으로 기꺼이 주여, 아멘!

환절기

요리조리 걸음나비 아서 아서 한세월이
맏물이라 아장아장
끝물이라 느적느적
애 터져 봄 벙그는 건 내 알 바 아니라서

터질락 말락 꽃들이 숨 참고 기다려도
더 갈 데 있는 것처럼
더 갈 데 없는 것처럼
곁눈질 주고받으며 앞서거니 뒤서거니

닦달하지 마시라 저래 봬도 전속력
흑 백 흑 백 횡단하는
저 갈마듦 때문에
비로소 봄이 터지는 거다, 무더기로 시방

등용문

붉은 안료 주지 않고 화제(畵題)는
붉은 동백
둘레 없는 구멍을 메우라는 얘기여서
한숨만 옴시레기 그린 괴나리들 제쳐놓고

손가락 물어뜯은 갸륵을 장원으로
때마침 달거리라 차상은 얼떨결이
차하는 화선지 붉어 뒷말 또 무성한데

彤柏(동백)을 휘갈겨 쓴 꼼수는 참방이나
풋내나고 군내 나서 그 밖은 낙향이라
왼발은 안 가 본 길로 오른발은 가 본 길로

달항아리

 흙의 어깨 주무르며 흙의 속살 봤으므로 꾸민 듯 안 꾸민 듯 멋 아닌 맛 구웠는데 땟거리 땔거리 없어 오도 가도 고민할 때

 콧수염 베레모 명문대학 길 교수님
 흙가마 화구마다 돈다발 불붙이며
 이른바 OEM 방식,
 백요(白窯) 대신 '기ㄹ'을 새겨

 코흘리개 중퇴라서 가위눌린 꿈들이 미처 못 꾼 꿈들이 '더는 기(技)요 덜은 예(藝)라' 조중동 봉놋방에서 접은 날개 펼쳤으니

 열 점 중 아홉 점 패대기치는 길 교수가
 비엔날레 다녀오나 빈 날에 다녀가나
 이러나 저러나 백요(白窯)인데 아무려면 어떤가

 담아 듣는 귀가 없고 여겨보는 눈 없어도 열사흘 달빛 당겨

마음을 비끄러매고 괜찮다 더도 말고 덜도 말고 비바람눈볕 빛을 뿐

나랏말싸미-거시기

때마침
거시기가 자시고 싶다 해서

폭폭해 죽고 잡다는 옆지기 폭 찌르고 서른 과부 장모랑 간 영산포 홍어 골목, 다 달라고 재우친 거시기가 하필 없어 도장 밥 잔뜩 묻은 석양 좋은 이 층에서 뱃길 끊긴 내륙 등대 남의 일 아니라며 코 썰고 애 끓이고 기미 보며 모셨건만

됐당께
좆 아니랑께
잡숴봐서 안다고

제4부

거울은 언제 눈감아 주나

경대를 펼쳤지만 로션이 안 보여서
로션 위에 매직으로
로논이라 쓴 할매가
로논을 찍어 바르고 로션이라 읽을 때

암시랑토 않다더니 로논도 바닥나서
새로 산 로션 위에
로논이라 써준 딸이
로논을 로션이라 읽고 팍팍 쓰라 말할 때

전문가

안성맞춤 이사 차가 굴다리에 끼겼다

일부러 저랬다면 이름값 제대로 한 거

바퀴는 마냥 헛돌고 고무 탄내만 웅성웅성

난감한 호루라기 줄담배 채근할 때

홀연히 나타난 초로의 기름때가

아서라 바퀴 바람을 조금씩 뺐다, 저 틈!

군밤

로데오 사거리다 크리스마스이브다
죄 많은 이브가 화덕을 끌어안고
두 봉토 오처넌, 떠리
밤을 깐다 밤은 깊다

얼어 죽은 눈 나린다
얼어 죽을 눈 나린다
아직 몇 봄 남은 이브가 건네는 밤
한 봉토 삼처넌, 개팽
아직 몇 봉 남았다

왕십리

셈 치고 마신 셈 치고
셈 치고 자신 셈 치고

다 팔아도 오천 원
한 통만 사라 해서

셈 치고 씹은 셈 치고
못 들은 척하니까

잔에 담긴 사내들을
그냥 두고 저냥 간다

징글징글 달라붙는
껌을 떼며
떼며
ㄸ
ㅁ

골목을 다시 되작이는
파란만장 이빨 자국

환지통

쇳물의 시간이 발목을 지나갔어
발목도 목이어서 바닥을 버렸는데
목 아래 없는 발바닥이 어쩌자고 가려워

한걸음 갑수 어매
"참말로 으쩐다냐"

발목 밑 가슴팍을
뜯다가 쥐어뜯다가

말씀의 젖 물리나니
"죽잖으면 다 살아야"

빈집

벽에 기대 허리 펴는 명아주 지팡이나
집 나간 누렁이 찌그러진 밥그릇이나
봄볕에 언 몸 녹이는 민들레나,
늘 제자리

지렁이 바퀴벌레
숨탄것 드나 나나
이제나 아니라서 저제나 아니어서
네모난 사진 꽉 움켜쥔 동그란 밥풀 하나

함소입지(含笑入地)

젖 불기 기다리던 포대기 속 울음이
기다 걷다 발서슴해도 돌아오지 않았다
무젖은 달 마르도록 손금 다 닳리도록

다랑논 어느새도
장돌림 어지간도
어쩌다 사기막도
어차피 갓바치도

다시금 애옥살림 누게막에 돌아오지 않았다

거시기고 아무개라 사초마저 뭇풀인데
죽기야 하겠나, 죽기밖에 더 하겠나
한목숨 시위에 걸고 왜바람 가로질러

다시 보는
다시 봄에
김치 치즈 스마일

웃음보 터트리는 걸음나비 포인트로

돌아온
봄의 씨앗 무명씨는
돌아오지 않았다

관계자 외

살림은
그냥 두고

살이만
챙겨 떠나

아직도
사나
안 사나

기웃대다
어두워

살며시
센서 등 켰다

끄고 가는
고양이

당분간

두 시의 고양이가 요리조리 피하면서
언제 올지 모르는 세 시를 기다려요
버스는 더 늦기 전에 고양이를 타고 가요

다섯 시를 기다리면 늦저녁이 온다지만
조등 같은 불을 켠 할증도 놓쳤어요
새벽은 밤 지새운 고양이를 태워주지 않아요

납작납작 고양이가 바퀴를 매만져요
환승입니다
소리가 먼지처럼 날아가요
바닥에 남은 빈자리, 당분간이라고 부를래요

아홉수

길을 사랑했네 스물아홉 사랑해서
놋좆 놋좆 노를 젓다 노는 계집 버렸네

너는 왜
내가 아니야
자기가 남이야

폐허를 사랑했네 서른아홉 사랑해서
엉덩이를 걷어찼네 너라는 삼인칭을

너는 왜
꼬리 치는 거야
네가 진짜 개야

후회를 사랑했네 마흔아홉 사랑해서
나 좋자고 너 버리고 궁리 없어 쓸쓸하네

너는 왜

여기 있는 거야
네가 정말 나야

느티나무 정류장

눈에는 손이 없어 가는 이 잡지 못하네
후회도 한발 늦어 나 홀로 땡볕일 때
노거수 이골 난 기다림이 삼백 년을 흔드네

이왕 늦은 시곗바늘 이냥 저냥 더디 가서
그늘의 가장자리 밟고 걸으면 오십육 초
잠시 뒤 다시 걸어도 받지 않는 고객의 시간

어차피 남는 그늘 들앉거나 말거나
평상 위 검버섯들 수박씨 멀리 뱉기
새까만 박장대소가 자갈 사이 수두룩

목청은 하나인데 듣는 귀 다 달라서
어련히 때는 와도 곧 온다는 곧은 안 와
그늘을 벗었다 입었다 제 매미 앓는 사람들

자유로

  도로 한복판에 개가 널브러져 있다

  제집인 양 한가하고 편안해 보인다 그 곤한 잠 깨울 수 없어 바퀴들도 멈칫, 개를 밟는다 개가 놀라 두리번거린다 복날에 복 터졌다고 헛발질한다 이제 막 일어난 몸짓 같다 아직 꿈이 남은 몸짓 같기도 하다 그러나 소리는 이미 떠났으므로……. 응달을 벗어난 개가 또 뙤약으로 뛰어든다 숨 쉴 틈 없는 속도는 어김없이 개를 덮칠 뻔하였으나, 사람이 아니고 개라서 "야 이 개새끼야" 하지 않고 가던 길 마저 간다 운수납작을 피한 개도 마찬가지여서 개조심 맛집이 여러 곳 있다 쇠줄이 배바지 살을 공들여 보호한다 철창이 거시기 살을 애지중지 보살핀다 개는 죽음의 반경 안에서 자유롭게 활보한다 제 세상 만난 것처럼 유별나게 짖어대는 개를 지목한다 한 움큼의 사료를 던져주니까 개도 나를 지목하여

  꼬리를 흔들어 준다, 그 무슨 예약처럼

카운트다운

3
이팝꽃 그늘 아래 쌈지공원 모래밭에
종지부 찍은 것처럼 공벌레 하나 있다

아직은
때가 아니어서
있다는 걸 잊고 있다

2
검지를 오므렸다, 편다! 떼구르르……
무상의 노느매기 판 꽃 한 숟가락 뜨거워

등 앞에
등, 등 뒤에 등
기타나 등등 굴러간다

1
그늘이 줄어든다 햇볕이 늘어난다

올 데까지 왔는데
갈 데까지 가야 한다

정오가
사방으로 구른다
다시 또 다시 시작이다

러닝머신

내뻗은 손목을 위아래로 꺾었지만
오라는 손짓인지 가라는 몸짓인지
마침내 그 어느 짓도 간신히만 남았다

멈출 듯 달리다가
달릴 듯 멈추다가

당신은
제자리를 뛰고

나는
제 자리를 뛴다

드디어
바통을 건네주는
당신이라는 삼인칭

달비계의 노래

e 편한 세상 벽이 군데군데 바래서

낮잠 깨운 노랫줄에 예리가 지나갔다

바람이 붙잡았으나 바닥이 받았으나

움켜쥔 하늘 몇 점 맥없이 풀어놓고

널브러진 구름 곁에 둘러섰던 달비계들

허공이 바닥인지라 다시금 또 다시금

유리창 안 철부지들 휘둥그레 사이로

깜짝 놀란 여드름 찰칵찰칵 사이로

빈집을 지키는 개의 어리둥절 사이로

거울의 문법

　들어가 이빨 닦고 나와서 수염 깎고 저기가 말끔해서 여기도 개운할 때 모기가 귓등을 깨물었다, 흰 타일이 가렵다

　눈으로 잡아놓고 손바닥 내던진다 조금 전 내 것인데 지금은 내 것 아닌 핏자국! 타일의 무늬가 거울에도 번진다

해설

불온한 골계의 시학

이병국(시인·문학평론가)

　정두섭 시인의 첫 시집 『마릴린 목련』은 유쾌한 재담 이면에 현실적 고통을 배치하여 그 실감을 우리 삶의 공통감각으로 확장하여 펼쳐 놓는 전략을 취하고 있다. 그래서인지 시인의 시적 언어가 품고 있는 말맛의 유쾌는 어딘가 씁쓸한 뒷맛을 남긴다. 이를 불쾌라고 할 수는 없을 것이지만 기형적인 삶의 실재를 마주한 것만 같아 불편한 것도 사실이다. 이러한 불편의 감각은 김수영 시인이 시 「거대한 뿌리」(1964)에서 "진창은 아무리 더러운 진창이라도 좋다"라고 한 것처럼 삶의 진창과 마주하고 그것을 직시함으로써 자신에게 주어진 삶을 긍정하는 한편 삶에 내재한 인간의 존엄과 고투를 신뢰하고자 하는 정두섭 시인의 시적 수행으로 말미암는다. 바로 그 지점에서 정두섭 시인의 시는 기형적인 삶을 강제하는 세계의 부조리함을 향한 비판과 죽음을 전유한 생의 욕망을 현시함으로써 인간을 긍정하고 보다 나은 사회를 위해 기형적 구조를 전복하려는 불온함으로 충만하다.

시인이 불온함을 위한 시적 장치로 사용하는 것은 골계(滑稽)이다. 알다시피 골계란 익살이나 우스꽝스러움, 농담과 유머 등의 다양한 언어로 번역되는 미적 범주의 하나로 숭고와 비장, 우아와 함께 예술의 아름다움을 대표하는 미적 가치라 할 수 있다. 일찍이 조동일은 자신의 문학 연구 방법론을 명시한 여러 저서를 통해 문학작품에는 있어야 할 당위와 있는 것으로서의 현실이 서로 융합하거나 상반함으로써 조화와 갈등의 관계를 이루어 각각의 미적 범주(우아미, 비장미, 숭고미, 골계미)를 결정한다고 했다. 이중 골계미는 당위보다 현실을 중시한다는 점에서 우아미와 유사한 속성을 지니지만 조화보다는 갈등과 대립을 형성한다는 점에서 비장미와 친연성을 지닌다고 보았다. 덧붙여 조동일은 골계를 해학에 해당하는 부드러운 골계와 풍자에 해당하는 사나운 골계로 구분하면서 전자는 인간성에 대한 긍정으로 나아가고 후자는 경화된 규범의 파괴로 나아간다고 설명했다. 해학은 자기 부정을 통해 자기 긍정을 지향하는 것으로 대상을 배척하지 않고 관조적인 자세로 감싸 안는 너그러움에 초점을 놓지만, 풍자는 불합리한 권력이나 체제를 공격하기 위해 날카롭고 노골적인 공격 의도를 감추지 않는다. 화해와 포용이든 갈등과 전복이든 해학과 풍자의 골계미가 지닌 주요 특징은 웃음을 도구로 삼는다는 데 있다. 웃음을 유발하는 재담과 우스꽝스러움이 정두섭 시인의 전부는 아니지만, 시집을 통어하는 주된 장치임은 분명하다. 또한 이러한 시적 장치가 비루한 현실을 긍정하며 섣부른 화해로 나아가지 않는다는 점에서 더욱 유의미하다. 시인의 사유가 지닌 진중함이 시집 전체를 아우르고 있음을 간과할 수 없기에 그저 골계의 형식을 따라 정두섭 시인의 시를 읽는 것은 옳은 방법이 아닌 듯하다. 시집을 여는 시인 「우로보로스」를 보자.

> 병 속에는 쥐가 있고 병 속에는 뱀이 있고 뱀이 된 쥐는 없고 쥐를 삼킨 뱀만 있고 좁은 병 못 빠져나와 뱀은 쥐를 뱉고 뱉고
>
> 구겨진 몸 다리고 구겨질 몸 걸어놓고 옷걸이 물음표만 남기고 사라질 때 누군가 어깨를 툭 쳤다, 먼저 온 후회였다
>
> ―「우로보로스」 전문

시인은 병 속에 갇힌 쥐와 뱀을 응시한다. 시가 차용한 신화 속 존재인 우로보로스는 꼬리를 먹는 뱀의 형상을 띠며 그 원

형적 형상으로 인해 완전성을 상징하기도 하며 자신의 꼬리를 먹는 동시에 끝없이 재생하는 꼬리는 무한한 순환의 과정과 윤회의 영원성을 의미하기도 한다. 머리와 꼬리가 맞물려 있기에 시작과 끝, 시작이자 끝을 형상화할 때도 있으며 이는 파괴와 재생의 영속성을 상징하기도 한다. 그러나 우로보로스가 지닌 영원성은 안정감을 주는 동시에 벗어날 수 없는 고통의 영속을 내포하고 있다. 우로보로스의 원형은 자기 꼬리를 물어야만 하는 고통에서 벗어날 수 없다는 삶의 굴레로 작동할 수도 있음을 보여준다. 이 시에서 형상화된 "쥐를 삼킨 뱀"이 "좁은 병 못 빠져나와 뱀은 쥐를 뱉고 뱉고" 다시 쥐를 삼킬 수밖에 없는 상황처럼 말이다. 이 구절은 아이러니로 인한 웃음을 유발하는 한편 무한한 고통의 영속을 우리 앞에 현시한다. 죽음과 삶이 영원히 회귀하는 것처럼 보이는 저 병 속의 사건은 벗어날 수 없는 세계 속에서 고통을 반복하는 우리 삶을 알레고리화한 것으로 읽힌다. 이는 두 번째 수에서 "구겨진 몸"과 "구겨질 몸"이 "물음표만 남기고 사라"지는 순간을 포착하는 시인의 응시와 결합하여 더욱 분명해진다. '몸'이 수행하는 일상의 반복은 무한한 삶의 순환 속에서 자신의 존재를 사유할 여유를 주지 못한다. 그런 이유로 존재는 "물음표만 남기고 사라질" 수밖에 없는 상황에 내몰리는 것인지도 모른다. 자기충족적인 우로보로스는 정두섭 시인의 시 속에서 구겨지고 구겨질 존재로 스스로를 부정해야만 하는 주체, 그리하여 타자화의 양태로 내몰린 존재로 전치된다.

  정두섭 시인의 시적 사유는 "월화수목 금금금"의 일상을 반복하며 착취당하는 노동자가 "비린내 꾸덕꾸덕 굴비를 뒤집"는 것처럼 신자유주의적 자본주의 체제를 등에 업은 권력에게 "단말마 입에 문 비굴을 진상"하며 "뱃구레 조이고 조여 마저 발라 드시라고"(「고창 지나 영광」) 자신을 내어놓는 참혹한 현실을 고발하는 데로 이어진다. 기실 이러한 '더러운 진창'을 긍정하기란 어려운 것이 사실이다. "죽살이들 내뱉는/숨,/살 암시난 살아져라"(「휘파람새」)라고 아무리 외친들 진창 속 삶을 긍정하며 살아가기는 어렵기만 하다. 삶을 살아가는 것이 아닌 살아지는 것, 혹은 견뎌야만 하는 것으로 간주해야 하는 현실은 그저 비참할 따름이다. 그로부터 벗어나기 위해 "뙤약볕 부추기며 노긋도 춤췄으나" 남는 건 "어처구니"와 "오그랑쪽박"(「간판 아래 문 위에 간판」)일 뿐이다. 정두섭 시인이 재현한 우로보로스의 형상은 세계 속에 갇힌 채 정형 행동을 반복하며 파괴되어 가는 존재의 삶을 고통스럽게 풍자하는 셈이다.

쫄딱

방을 더 줄일 수 없어 넓히려고 박는 못에
주렁주렁 걸리기 싫어 철없는 못은 운다
세상에 못에 철이 없다니, 잘 못 박고 있는 걸까

인형 뽑기

공중의 크레인이 한 사내 뽑아 든다

가던 눈 멈칫하고 일대가 조용하다

추락과 안착 사이에 모란인력 문이 있다

왕년

공치고 답답한 속 전봇대 아래 한 사발

끝 간 데 없는 한 줄 허공 낮술 취한 까치 까치

앞날이 노랗다 노래, 괜히 맞은 아이 울음

부의

이름 석 자 휘갈겼다가 나도 나를 잘 몰라서

'모란인력 잡부 정 씨' 아닌 것만 같아서

'석남동 잡부 대머리 정 씨'를 공손히 내밀었다

함바

일대의 땟국물들 그림자 벗고 앉아

목덜미 어루핥는 그늘을 여축한다

남기면 벌금 오천 원, 장식은 오직 저뿐

─「모란인력 식구 되기」 전문

인용한 「모란인력 식구 되기」는 존재의 파괴라는 추의 미학을 골계의 형식으로 잘 담아내고 있는 시다. '모란인력'이라는 인력 용역업체의 '식구'가 된다는 표현부터 아이러니하다. '식구'는 같은 집에 살며 끼니를 함께하는 사람이라는 기본 의미에서 삶의 양태를 공유하는 공동체적 의미로 그 범위가 확대된 단어이다. 그러나 용역업체의 식구가 된다는 것은 일용직 노동자가 되었다는 것, "추락과 안착 사이"에 내몰린 존재가 되었다는 것을 의미한다. 시인이 각 수에서 공글리고 있는 언어는 재담의 유희로 충만하지만, 그것이 재현하는 존재와 그를 둘러싼 세계의 양상은 이처럼 암울하기만 하다. '쫄딱'이라는 부제가 붙은 첫 수는 협소해지는 삶의 양상을 '못'의 형상으로 구성하고 있다. "방을 더 줄일 수 없어" 생활의 방편을 보관하기 위해서 "못"을 박을 수밖에 없다. 그러나 "주렁주렁 걸리기 싫"은 "철없는 못"은 울기만 한다. 그로부터 파생된 "세상에 못에 철이 없다"는 시구는 실소를 자아내지만, 조금 더 깊이 생각해 보면 못을 구성하는 철의 부재는 존재를 존재이게 하는 성질의 부재로 감각되며 황폐화된 삶의 양태를 성찰하도록 우리를 이끈다. 이러한 삶은 존재를 "잘 못 박"아 '잘못'된 것으로, '쫄딱' 망해버린 것으로 인식할 수밖에 없는 부조리함에의 전락으로 수용된다.

'인형 뽑기'라는 부제가 붙은 수는 어떠한가. 새벽녘 용역업체 앞에 모여 있는 사람들이 자신을 상품으로 내어놓은 인력

시장의 스산함을 연상케 한다. 인형이 뽑히듯 사용자에게 간택되기를 바라는 일용직 노동자의 모습은 "추락과 안착 사이"의 크레바스에 빠진 비참함을 상기시키는 한편 안정된 삶에서 유리된 존재의 고통을 고스란히 전한다. '부의'를 부제로 삼은 수는 더욱 처참하다. 부의금을 내기 위한 봉투에 자신의 이름을 적어야 함에도 "모란인력 잡부 정 씨" 혹은 "석남동 잡부 대머리 정 씨"를 적는 이의 강제된 정체성을 엿보는 듯하다. 이는 신자유주의적 자본주의 경제 체제가 은폐하고 있는 소외된 삶을 폭로하는 한편 삶의 비극성을 극대화함으로써 기형적인 삶을 강요받는 현실을 고발한다. 그럼으로써 정두섭 시인은 "기다리면 마침내 오는" 것이 "내일"이라지만, 그 하루를 일용할 "내 일"은 기약이 없기에 "숨 참고 견디다가" 그 "기다림에 지"(「내일의 날씨」)쳐 버리고 마는 존재의 비참을 우리에게 일깨운다. 그 깨달음의 대가는 너무나 암울하여 회피하고만 싶은 것도 사실이다. 그러나 시인은 똑바로 보기를 청한다. 그가 형상화하는 우스꽝스러운 재담 너머의 현실은 "허공이 바닥"인 "달비계"(「달비계의 노래」)에 위태롭게 매달려 "안전 고리 구름 고리 여기저기 허방다리"를 감내하며 "하마터면 골로 갈 뻔"(「슈퍼맨의 바깥 빤쓰」)한 위기에 내몰린 존재들의 고통으로 가득 차 있기 때문이다. 소외된 존재가 할 수 있는 일이라곤 "살아본 적 없지만/꼭 올 것만 같은 날"을 상상하며 "지갑 속 로또 한 장"(「2월 30일」)의 기만을 품에 안은 채 세계가 강제하는 현실 속에서 "눈칫밥을 해장국에 말아 뒤통수로 먹으며 지금 여기를 하염없이 타전"(「블랙아웃」)하는 것뿐인지도 모르겠다.

  앞에서 읽어본 것과 같이 정두섭 시인은 '있어야 할 것'의 당위와 불화하는 현실을 언어적 재담으로 풀어내며 그 안에 얼비친 비극을 가시화하는 데 중점을 둔다. 어떤 점에서 이는 현실을 긍정하는 골계의 방식이 아닐 수도 있다. 그러나 풍자와 해학의 기치를 통해 현실의 비루함을 옹호하는 것만이 골계의 전부는 아닐 것이다. 오히려 정두섭 시인의 시적 미의식은 비루함을 현시함으로써 비극을 강화하고 전환의 단초를 마련하는 데 있는 것인지도 모른다. 그런 점에서 시인은 내일을 기약할 수 없는 존재에게 오늘의 비참을 견뎌야 한다고 말하는 것은 폭력이 될 수 있음을 분명히 한다. 그렇다고 "젖을 데 더는 없어/우산 접고 비를 꺼"(「마포대교」)내 마포대교 위에 세울 수는 없는 노릇일 것이다. 허나 시인이 응시하는 존재는 "죽어야 쉰다는 숨"을 쉬듯 "혼자 웃는, 모르는 사람"(「모월 모일—영정」)이 되어 "무연고의 신발 한 짝"(「이장」)을 깃발처럼 매달고 생의 저편으로 떠나버릴 때도 있다. 시인은 그 앞에서 숨을 고르고 애도를 수행하며 죽음을 삶으로 전환할 어떤 계기를 발견하고자 한다.

    행보에 못을 박고 쓸모를 버립니다

몇 날 며칠 간신히
숨 고르고 있습니다
발치에 쭈그려 앉아 각질이나 떼줍니다

한 번도 쉬지 않고 수만 번 뒤척이던
그 숨을
그 열심을
마침내 버렸으므로
도린곁 양지바른 숨이 젖은 생을 말립니다

어쩌지 못해서 어쩔 수 없는 밤입니다
이 자리도
저 자리처럼
앉았던 자리 되겠지요
거품이 솟구칩니다, 누구와 독작할까요

―「숨 고르기」 전문

"쓸모를 버"린, 혹은 쓸모를 잃고 더는 그 어떤 목표를 향해서 나아가지 못하는 존재는 세계로부터 지워지고 만다. 그것이 실제적이든 상징적이든 죽음의 양태인 것은 분명하다. 그 죽음 앞에서 화자는 "발치에 쭈그려 앉아 각질"을 떼준다. 삶을 영위했던 흔적인 굳은살을 벗겨내는 저 행위는 "한 번도 쉬지 않고 수만 번 뒤척이던" 숨을, "그 열심을/마침내 버"린 존재를 향한 애도의 수행이자 그에게 자신을 투사하는 일이기도 하다. 사람이 발길이 닿지 않는 "도린곁 양지바른 숨"으로 "젖은 생"을 위무한다고 해서 어떤 변화를, 혹은 재생을 끌어내지는 못할 것이다. 그러기에 화자는 "어쩌지 못해서 어쩔 수 없는 밤"이라고 하는 것일 테다. 자신이 점유한 "이 자리도" 그가 떠난 "저 자리처럼" 될 것임을 직감하는 화자의 마음이 무겁기만 하다. 이처럼 있어야 할 당위와 불화하며 현실을 긍정하는 일은 어렵다. 그럼에도 "아무리 더러운 진창이라도" 살아야 한다는 사실은 변함이 없다.

그런 점에서 생존을 불가능하게 하는 빈곤을 야기하며 인간을 일용직, 임시직으로 내모는 신자유주의적 현실을 "더러운 진창도 좋다"고 자위하며 수용할 수는 없는 노릇이다. "이 자리도/저 자리처럼/앉았던 자리"가 될지언정 그날이 오기까지 "쓸모"와 "열심"을 버린 전략으로 삶을 내몰 이유는 없다. 정두섭 시인이 응시하는 존재가 "몇 날 며칠 간신히/숨 고르고 있"는 것은 자신의 쓸모를 저 "어쩌지 못해서 어쩔 수 없는 밤"을 애도하는 데 쓰기 위해서이지 스스로 밤이 되고자 하는 것이 아니다. 오히려 존재를 죽음의 양태로 내모는 부조리하고 불합리한 세계와 대립하고 갈등함으로써 변화와 생성의 계기를 마련하기 위해 숨을 고르는 거로 보는 게 옳다. "어련히 때는 와도 곧 온다는 곧은 안 와"(「느티나무 정류장」) 그 자리에 주저앉아 기다리기보다는 '때'를 향해 "참 서럽게 질긴 목숨이 등허리 휜 달빛을" 짊어지고 "아득바득"(「달의 뒤축」) 앞으로 나아가고자 하는 강렬한 생의 욕망이 여기에서 추동된다.

> 애지중지 호롱불은 멋 부리다 얼어 죽고
> 제멋대로 화톳불은 까무룩 새까매져서
> 할마시 쪼그려 앉아 사람 볕에 손 녹일 때
>
> 힐끗힐끗 살바람이 못 참아 더는 못 참아
> 백목련 치맛자락 들춰보고 저리 내빼네
> 그늘도 화색이 돌아 잇몸 만개 이빨 두 개
>
> 굳이 또 찾아와서 겸상하는 다시 봄에
> 여벌의 수저 한 짝 내어주고 오물오물
> 낡삭은 개다리소반 무게를 덜고 있네
> ―「마릴린 목련」 전문

> 세모라 연탄은행 냉골에 불 들이면
> 골목은 짖어대고 망구는 악다구니
> 골백번 헤아렸지만, 딱 한 장! 모자라야

구들장 짊어지고 언덕배기 기어오른

구멍 숭숭 낮달이 꿍친 자리 메워준다

그깟 거 없어도 살지마는, 삭신이 쑤셔설랑

징하게 오래 사는 메리야 밥 묵자 밥

마냥 신난 혓바닥이 쭈그렁을 핥을 때

참말로 뜨신 눈총들, 분화구마다 활활

—「검은 달」 전문

담아 듣는 귀가 없고 여겨보는 눈 없어도 열사흘 달빛 당겨 마음을 비끄러매고 괜찮다 더도 말고 덜도 말고 비바람눈볕 빛을 뿐

—「달항아리」 부분

골계미의 실현 방법 중 남녀 간의 에로티시즘을 전면에 드러내는 경우가 있다. 이는 인간의 본성을 묘사하는 층위에서 이루어지는데 사회 문화의 금기를 폭로하는 한편 인간의 리비도적 충동을 해방하고 정화하는 기능을 수행한다. 성은 어떤 면에서 인간의 원초적 생명력을 긍정하는 역할을 한다고도 볼 수 있다. 정두섭 시인의 시에서도 에로티시즘을 전유하여 인간의 생명력, 생의 욕망을 그려내는 시편들이 있다(「봄밤」, 「외도」, 「나랏말싸미—거시기」, 「색즉시공」 등). 이는 만물이

소생한다는 봄의 이미지와 결합하거나 의뭉스러운 재담을 통해 효과적으로 활용된다. 흥미로운 점은 이러한 에로티시즘이 젊은 육체를 전유한 기대와 배반의 측면에서 부조화를 일으키는 것으로 연결되기보다는 노년의 성찰로 이어져 조화와 화해의 방향으로 이어진다는 데 있다. 인용한 「마릴린 목련」의 경우에도 "백목련 치맛자락 들춰보고 저리 내빼"는 "살바람"을 통해 봄밤 성애적 장면을 표상하는 한편 그 순간을 경험한 '할마시'의 모습("그늘도 화색이 돌아 잇몸 만개 이빨 두 개")을 보여주며 "여벌의 수저 한 짝 내어주고" "낡삭은 개다리소반"에 놓인 음식을 나누며 서로의 "무게를 덜고 있"는 장면으로 이어진다. 이는 "호롱불"과 "화톳불"조차 마음껏 부리지 못하는 노년의 빈곤한 삶을 비극으로 치부하지 않으려는 시인의 인식과 맞닿는다. 그리하여 자신이 내어줄 수 있는 것을 나누며 사는 삶이야말로 훼손된 세계로부터 우리를 지켜낼 수 있는 것이라는 통찰을 담아낸다. 이러한 통찰은 "세모"라 들인 연탄의 수가 "딱 한 장" 모자라는 것을 알고 "그깟 거 없어도 살지마는, 삭신이 쑤셔설랑" 투덜대면서도 "구들장 짚어지고 언덕배기 기어오른" "낮달"로 빈자리를 메우는 풍요로움을 가능케 한다. 정신적 풍요 속에서 「검은 달」의 화자는 "징하게 오래 사는 메리"에게 자신을 투사하며 "마냥 신난 헛바닥"으로 밥을 챙기며 생의 의지를 드러낸다. 이는 노년의 삶을 부정하지 않고 "참말로 뜨신 눈총들, 분화구마다 활활"

타오르는 강렬한 파토스적 삶으로 분출된다. 물론 강렬한 파토스가 욕망을 실현하기 위한 정언명령으로 작동하는 것은 아니다. 앞의 시에서 보았듯이 그것은 지금의 삶을 긍정하고 포용하려는 방식으로 표현되며 "바퀴 바람을 조금씩" 빼 욕망을 덜어내고 "틈"(「전문가」)을 만드는 것을 의미한다. 어떤 면에서 틈은 빈 공간이라서 채울 수 없는 결핍, 결여를 의미하기도 하지만 역설적이게도 빈 공간은 다른 것을 채울 수 있는 가능성으로 작동하기도 한다. 다시 말해 결핍과 결여는 다른 무언가를 품을 수 있는 공간을 제공하며 새로운 가능성으로 존재를 충만하게 만든다. 그 충만함 속에서 존재는 세계를 향한 응시의 방향을 다르게 결정할 수 있게 된다.

「달항아리」는 달항아리의 외형 너머, "흙의 속살"을 응시하는 것으로 나아가며 그 결과 풍자를 활용한 비판적 골계로 연결된다. 이 시는 달항아리가 지닌 담백한 아름다움을 전유하여 무명(無名)의 삶을 위무하는 한편 자신의 권위와 권력을 이용해 예술을 '기예'로 착취하는 "명문대학 길 교수님"과 "조중동"을 비판하고 있다. 권력을 지닌 자들은 예술인, 예술 노동자를 착취하며 그 존재를 은폐한다. "흙가마 화구마다 돈다발 불붙이며/이른바 OEM 방식"으로 타인의 예술적 능력을 갈취하는 '길 교수'는 "조중동 봉놋방"에서 명성을 쌓고 "비엔날레"에 이름을 올린다. 이러한 권력의 착취와 폭력성은 달항아리가 지닌 미학과는 거리가 멀다. 달항아리는 화려함과는 거리가 먼 넉넉함과 풍요로움, 담백함의 미학을 은은하게 드러낸다. 또한 단순한 곡선에서 비롯한 관능성은 무한한 가능성을 품는다. 이 가능성은 생의 욕망으로 이어지며 착취당하기만 하는 무명의 삶을 향해 "담아 듣는 귀가 없고 여겨보는 눈 없어도 열사흘 달빛 당겨 마음을 비끄러매고 괜찮다"고 위무를 건네는 한편 "비바람눈볕 빛"으며 예술적 승화의 순간으로 생을 이끈다.

정두섭 시인의 시가 있어야 할 당위와 있는 현실 사이의 갈등과 대립에 주목하여 현실을 긍정하며 긴장과 억압으로부터 어떤 해방을 추구하는 골계의 전형이라고 할 수는 없을지도 모른다. 그러나 함께 읽어온 바와 같이 재담이 지닌 해학을 통해 고통스러운 삶의 현재를 위무하고 풍자를 통해 부조리한 세계를 비판하는 것을 넘어 포용과 화해를 통한 생의 의지를 펼쳐 보여준다는 점에서 정두섭 시인의 시는 주목할 필요가 있다. 그 어떤 수사를 통한다고 해도 우리 삶의 고단함을 지워낼 수는 없을 것이다. 그러나 시인의 시적 수행이 건네는 위안으로 말미암아 잠시라도 무게를 덜어낼 수 있으리라. 아무리 고달픈 현실이라도 생의 욕망을 부정하지 않고 현재를 긍정하며 타자를 포용하는 불온함으로 부조리하고 기형적인 세계에 매몰되지 않도록 정두섭 시인은 우리가 우리 스스로를 일으켜야 한다고 전한다. 시인이 전하는 바와 같이 "아직은/때가 아니어서/있다는 걸 잊고 있"지만 우리의 삶은 우리에게 있다는 것을, 그렇기에 "올 데까지 왔는데/갈 데까지 가야 한다"는 것을, "다시 또 다시 시작이"(「카운트다운」)라는 것을 잊어서는 안 될 것이다.

시인동네 시인선 233

마릴린 목련

ⓒ 정두섭

초판 1쇄 인쇄	2024년 6월 13일
초판 1쇄 발행	2024년 6월 20일
지은이	정두섭
펴낸이	김석봉
디자인	헤이존
펴낸곳	문학의전당
출판등록	제448-251002012000043호
주소	충북 단양군 적성면 도곡파랑로 178
전화	043-421-1977
전자우편	sbpoem@naver.com

ISBN 979-11-5896-650-8 03810

*이 책의 판권은 지은이와 문학의전당에 있습니다.
*양측의 서면 동의 없는 무단 전재 및 복제를 금합니다.
*잘못 만들어진 책은 바꿔드립니다.